SERVICE PRACTICE KOREAN

서비스 실무 한국어

안명숙
박다현
공저

SEROMI

CONTENTS

UNIT 01 Airport Service

In Flight Service UNIT 02

UNIT 03 Hotel Service

Hotel Room Service UNIT 04

UNIT 05 Currency Exchange

UNIT 06 At the Restaurant

UNIT 07 Customer Service

UNIT 08 Business Communication

SECTION

01. 체크인 및 탑승 안내

02. 입국 및 세관 심사

03. 가이드 안내

04. 공항 교통편

✓ 한국어 관용어 배워보기!

Unit 01

Airport Service

01

체크인 및 탑승 안내

실전대화 ❶ Check-in

지상직원	티켓과 여권을 보여 주시겠습니까? 오늘 어디로 가시나요?
승객	싱가폴에 갑니다.
지상직원	위탁 수하물은 몇 개인가요?
승객	위탁 수하물은 2개 입니다.
지상직원	위탁 수하물 안에 보조 배터리, 라이터, 전자담배 없으신가요?
승객	네. 없습니다.
지상직원	손님, 좌석은 창가와 복도 좌석 중 창가 좌석 괜찮으신가요?
승객	네. 창가 좌석 좋습니다.
지상직원	탑승권 드리겠습니다. 탑승 시간은 10시 20분입니다. 탑승구는 126번입니다. 즐거운 여행 되십시오.

실전대화 ❷ Boarding Gate

승객 지금 탑승이 가능한가요?

지상직원 싱가폴 가는 KI0110편 항공기는 10분 뒤에 탑승을 시작할 예정입니다.

(10분 뒤)

지상직원 싱가폴행 항공기 탑승 시작하겠습니다.

탑승권 보여 주시겠습니까?

승객 여기 탑승권이요.

지상직원 네, 확인되었습니다. 즐거운 여행 되십시오.

어휘

• 티켓	• 여권	• 위탁 수하물	• 기내 수하물
• 보조 배터리	• 라이터	• 전자담배	• 창가 좌석
• 복도 좌석	• 탑승권	• 탑승	• 탑승구

실전연습

○ 알맞은 것을 골라 대화를 완성하십시오.

여권　　위탁 수하물　　보조 배터리　　티켓　　탑승구

❶ 가 안녕하세요. ________ 과 ________ 를 보여주시겠습니까?
　나 네. 여기요.

❷ 가 ________ 은 몇 개인가요?
　나 ________ 은 2개 입니다.

❸ 가 ________ 안에 ________ 없으신가요?
　나 네. 없습니다.

❹ 가 손님 탑승시간은 11시 30분입니다. ________ 는 127번입니다.
　나 감사합니다.

표현

보이다

1 [동] 눈으로 대상의 존재나 형태적 특징을 알게 하다.

2 [동] 대상의 내용이나 상태를 알기 위하여 살피게 하다.

- 탑승권을 보여 주시겠습니까?
- 여권을 보여 주시겠습니까?
- 신분증을 보여주세요.

시작하다

1 [동] 어떤 일이나 행동의 처음 단계를 이루거나 그렇게 하게 하다.

2 [동] 어떤 일이나 행동이 어떤 사건이나 장소에서 처음으로 발생하다.

- 탑승을 시작하겠습니다.
- 몇 시에 탑승 시작하나요?
- 탑승은 몇 분에 시작했나요?

“02

입국 및 세관 심사

실전대화 ❶ Immigration

입국심사 직원	방문 목적이 무엇입니까?
승객	관광차 왔습니다.
입국심사 직원	얼마나 머물 예정입니까?
승객	약 10일이요.
입국심사 직원	어디서 지내시나요?
승객	그랜드 하얏트 호텔에서요.

실전대화 ❷ Customs

세관 직원	여행자 휴대품 신고서 작성하셨나요?
승객	네. 여기 제가 작성한 세관 신고서예요.
세관 직원	세관에 신고할 것이 있나요?
승객	아니요. 없습니다.
세관 직원	가방 안에는 무엇이 있나요?
승객	면세점에서 산 것들이에요.
세관 직원	가방을 열어주시겠어요?
	(확인 후)
	이것은 세금을 내야 합니다.

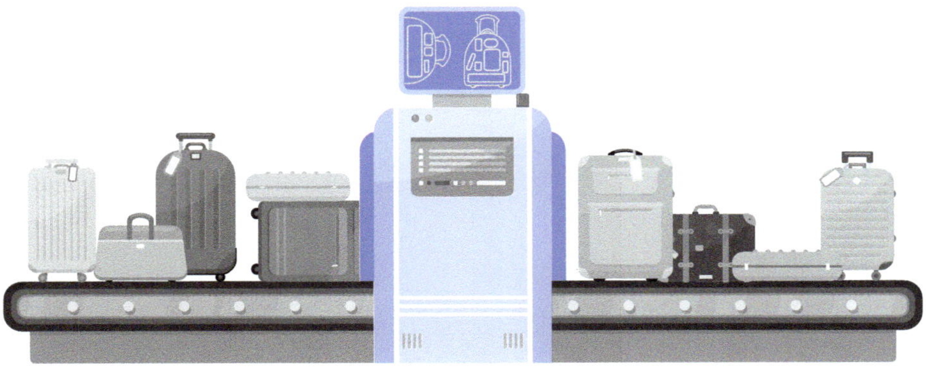

어휘

• 방문	• 목적	• 관광	• 머무르다
• 지내다	• 세관	• 신고서	• 여행자 휴대품 신고서
• 면세점	• 세금	• 가방	• 작성

실전연습

○ 알맞은 것을 골라 대화를 완성하십시오.

여행자 휴대품 신고서　　얼마나　　목적　　세금

❶ 가 방문 ＿＿＿＿＿＿ 이 무엇입니까?
　나 관광차 왔습니다.

❷ 가 ＿＿＿＿＿＿ 머물 예정입니까?
　나 약 10일 정도요.

❸ 가 ＿＿＿＿＿＿ 작성하셨나요?
　나 네. 여기 작성했습니다.

❹ 가 가방을 열어주시겠어요? 이것은 ＿＿＿＿＿＿ 을 내야 합니다.
　나 아 정말요? 몰랐습니다.

표현

머무르다

1 [동] 도중에 멈추거나 일시적으로 어떤 곳에 묵다.

2 [동] 더 나아가지 못하고 일정한 수준이나 범위에 그치다.

- 버스가 정류장에 머무르다.
- 제주도에서 3박 4일을 머무르다.
- 여행 중에 그랜드 하얏트 호텔에 며칠 머무르다.

지내다

1 [동] 사람이 어떤 장소에서 생활을 하면서 시간이 지나가는 상태가 되게 하다.

2 [동] 서로 사귀어 오다.

- 어디에서 지내나요?
- 호텔에서 하룻밤을 지내다.
- 민수와는 이전부터 알고 지내왔어요.

“03

가이드 안내

실전대화 ❶ 공항 입국장

가이드	실례합니다. 혹시 올리버 씨이신가요?
여행객	네. 맞아요. 에어투어 가이드님 맞으시죠?
가이드	맞습니다. 만나서 반갑습니다. 올리버 씨 한국에 오신 것을 환영합니다! 제 이름은 구원입니다. 그나저나 한국까지의 비행은 어떠셨나요? 잠은 좀 주무셨나요?
여행객	네, 편하게 왔어요. 하지만 장거리 비행이라 조금 피곤하네요.
가이드	많이 피곤하시겠군요. 얼른 호텔에 가서 쉬시는게 좋겠어요.
여행객	좋은 생각이에요.

실전대화 ❷ 공항에서 호텔 이동

가이드 올리버씨, 한국은 이번이 첫 방문이신가요?

여행객 네, 이번이 첫 방문이에요.
그래서 많은 관광지를 구경하고 싶네요.

가이드 그렇군요!
제대로 관광하실 수 있도록 준비하겠습니다.

여행객 한국의 많은 관광지를 구경할 생각을 하니 신나네요.

가이드 한국에서 좋은 추억 만들어 가시길 바랍니다.

어휘

• 가이드	• 환영	• 비행	• 잠
• 자다	• 쉬다	• 피곤하다	• 방문
• 관광지	• 구경	• 준비	• 추억

실전연습

○ 알맞은 것을 골라 대화를 완성하십시오.

관광지	장거리	환영	쉬다	방문

❶ 가 만나서 반갑습니다. 한국에 오신 것을 ______ 합니다!
나 반갑습니다. 잘 부탁드립니다.

❷ 가 한국까지의 비행은 어떠셨나요?
나 ______ 비행이라 힘들었어요.

❸ 가 어서 호텔에 가서 ______ 좋겠어요.
나 좋은 생각이에요.

❹ 가 한국은 이번이 첫 ______ 이신가요?
나 네. 그래서 많은 ______ 를 구경하고 싶어요.

표현

주무시다

'자다'의 높임말

1 [동] 생리적인 요구에 따라 눈이 감기면서 한동안 의식 활동이 쉬는 상태가 되다.

- 할아버지께서는 항상 낮잠을 주무신다.
- 오늘은 저희 집에서 주무시고 내일 오전에 떠나세요.
- 여기는 위험한 곳이니 반드시 방문을 걸어 잠그고 주무세요.

준비하다

1 [동] 미리 마련하여 갖추다.

- 식사를 준비하다.
- 그는 시험을 철저하게 준비했다.
- 그는 마치 답변을 준비한 듯이 막힘없이 대답하였다.

04

공항 교통편

실전대화 ❶ At Information Desk

안내원 안녕하세요. 무엇을 도와드릴까요?

손님 그랜드 하얏트 호텔에 가는 가장 좋은 방법이 뭐죠?

안내원 3번 출구에서 호텔 셔틀버스를 이용하시면 됩니다.

손님 실례합니다. 홍대입구역으로 어떻게 갈 수 있을까요?

안내원 인천공항 지하 1층에서 공항철도를 이용하시면 됩니다.

손님 버스나 기차 티켓은 어디서 살 수 있나요?

안내원 반대편 매표소에서 구입할 수 있습니다.

실전대화 ❷ 택시 탑승

손님	택시 탈 수 있어요?
택시기사	네, 빈 택시입니다. 어디로 데려다 드릴까요?
손님	서울역으로 가주세요.
택시기사	네, 안전벨트 매주세요.
손님	거기까지 얼마나 걸릴까요?
택시기사	30분 정도 걸립니다.

어휘

• 호텔	• 방법	• 도와주다	• 출구	• 이용
• 실례하다	• 사다	• 구입	• 타다	• 택시
• 안전벨트	• 걸리다	• 매다	• 서울역	• 매표소

실전연습

○ 알맞은 것을 골라 대화를 완성하십시오.

셔틀버스	구입	안내 데스크	매표소

❶ 가 하얏트 호텔에 가려고 하는데 가장 좋은 방법이 뭐죠?
　나 3번 출구에서 호텔 ________ 를 이용하시면 됩니다.

❷ 가 버스나 기차 티켓은 어디서 살 수 있나요?
　나 반대편 ________ 에서 구입할 수 있습니다.

❸ 가 실례합니다. 홍대입구역으로 어떻게 갈 수 있나요?
　나 ________ 에 문의해보세요.

❹ 가 여기에서 버스 티켓을 ________ 할 수 있나요?
　나 네. 어디로 가시나요?

표현

도와주다

1 [동] 남이 하는 일이 잘 되도록 힘을 보태다.

2 [동] 위험한 처지나 어려운 상황에서 벗어나게 하다.

- 무엇을 도와드릴까요?
- 무거운 물건 옮기는 걸 도와 주시겠어요?
- 힘든 일을 도와줄게요.

구입하다

1 [동] 물건 따위를 사들이다.

- 매표소에서 입장권을 구입하다.
- 백화점에서 상품을 구입하다.
- 티켓은 어디서 구입할 수 있나요?

한국어

관용어 배워보기!

가슴이 벅차다

➲ 감격, 기쁨, 희망 등이 넘칠 듯이 가득하다.

- 너의 합격 소식을 들으니 가슴이 너무 벅차다.

가슴이 찢어지다

➲ 슬픔이나 분함 때문에 가슴이 째지는 듯한 고통을 받다.

- 너가 많이 아프니 내 가슴이 찢어지는 것 같아.

골치(가) 아프다

* 골치 : 머리 또는 뇌를 속되게 이르는 말

- 어떻게 해야 할지 몰라서 머리가 아플 정도로 생각에 몰두하다.
  - 골치 아픈 일을 생각했더니 머리가 자근거린다.

골탕(을) 먹다

* 골탕 : 한꺼번에 심하게 당하는 손해나 곤란

- 한꺼번에 크게 손해를 입거나 낭패를 당하다.
  - 새로 입사한 신입직원에게 선임들은 골탕을 먹이곤 한다.

memo

SECTION

01. 탑승 안내

02. 식음료 서비스

03. 면세품 판매

✓ 한국어 관용어 배워보기!

Unit 02

In Flight Service

“ 01

탑승 안내

실전대화 ①

승무원	어서 오십시오. 탑승권을 보여주십시오.
승객	여기 탑승권이요.
승무원	네. 손님 좌석은 기내 뒤쪽입니다. 안 쪽으로 쭉 들어가 주십시오.
승객	네. 감사합니다.

실전대화 ❷

승객 제 자리가 어디인가요?

승무원 탑승권 확인해드리겠습니다.
손님. 좌석은 43B입니다. 안내해드리겠습니다.

승객 저기요. 누가 제 자리에 앉았어요.

승무원 손님, 탑승권을 보여주시겠습니까?
손님, 이 자리는 43B입니다. 손님의 좌석은 42B,
앞 좌석이네요. 이동해 주시겠습니까?

승객 아, 정말 미안해요. 알겠습니다.

승무원 감사합니다.

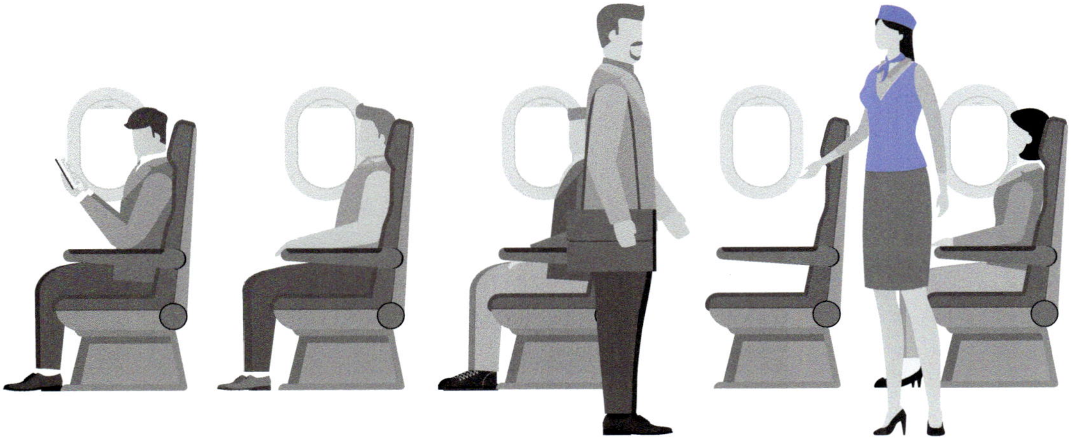

어휘

• 탑승권	• 좌석	• 여권	• 기내	• 안내
• 이동하다	• 확인하다	• 항공기	• 서비스	• 항공권
• 승무원	• 승객	• 좌석 번호	• 변경	• 요청

실전연습

○ 알맞은 것을 골라 대화를 완성하십시오.

안내	좌석	이동	탑승권

❶ 가 제 ________ 은 어디인가요?

나 손님 ________ 은 54B입니다. 안 쪽으로 쭉 들어가 주십시오.

❷ 가 어서 오십시오. ________ 을 확인하겠습니다.

나 여기 ________ 이요.

❸ 가 탑승권 확인해드리겠습니다.

나 손님 좌석은 41A입니다. 제가 ________ 해 드리겠습니다.

❹ 가 손님, 이 자리는 41A입니다. 손님의 좌석은 43B, 뒷 좌석이네요.
________ 해 주시겠습니까?

나 알겠습니다.

표현

확인하다

1 [동] 틀림없이 그러한가를 알아보거나 인정하다.

- 탑승권 확인해드리겠습니다.
- 일정을 꼼꼼히 확인해주세요.
- 좌석 번호를 확인해 주시겠습니까?

이동하다

1 [동] 움직여 옮기다. 또는 움직여 자리를 바꾸다.

2 [동] 권리나 소유권 따위가 넘어가다.

- 좌석을 이동해 주시겠습니까?
- 단거리를 이동하다.
- 승무원은 단체로 이동하다.

02

식음료 서비스

실전대화 ❶

승무원	손님, 식사는 무엇으로 하시겠습니까? 치킨과 소고기 중 어떤 것으로 하시겠습니까?
손님	치킨으로 주세요.
승무원	식사 준비해드리겠습니다. 테이블을 열어주십시오.
손님	탄산음료를 마시고 싶은데요.
승무원	탄산음료는 콜라와 사이다가 준비되어 있습니다.
손님	사이다 주세요.
승무원	네, 준비해드리겠습니다.

실전대화 ❷

승무원	손님, 음료 하시겠습니까? 맥주, 칵테일, 주스 등이 있습니다.
손님	망고주스 주세요.
승무원	죄송합니다. 망고주스는 실리지 않습니다. 대신 파인애플 주스는 어떠신지요?
손님	네. 그럼 파인애플 주스로 주세요.

어휘

- 식사
- 서비스
- 음료
- 준비
- 테이블
- 탄산음료
- 마시다
- 주다
- 주류
- 음료수
- 생수
- 기내식
- 회수
- 요청하다
- 좌석

실전연습

○ 알맞은 것을 골라 대화를 완성하십시오.

탄산음료	식사	대신	음료

❶ 가 저는 소고기로 주세요.

나 ________ 준비해드리겠습니다. 테이블을 열어주십시오.

❷ 가 음료는 어떤 걸로 하시겠습니까?

나 ________ 를 마시고 싶은데요.

❸ 가 손님, ________ 하시겠습니까? 맥주, 칵테일, 주스 등이 있습니다.

나 저는 맥주 한 잔 주세요.

❹ 가 죄송합니다. 애플주스는 실리지 않습니다.

________ 파인애플 주스는 어떠신지요?

나 네. 그럼 파인애플 주스로 주세요.

표현

주다

1 [동] 물건 따위를 남에게 건네어 가지거나 누리게 하다.

2 [동] 시간 따위를 남에게 허락하여 가지거나 누리게 하다.

- 망고주스 주세요.
- 비빔밥으로 주세요.
- 나중에 주세요.

마시다

1 [동] 물이나 술 따위의 액체를 목구멍으로 넘기다.

2 [동] 공기나 냄새 따위를 입이나 코로 들이쉬다.

- 탄산음료를 마시고 싶어요.
- 커피 한 잔 마실 수 있을까요?
- 식은 차를 마저 마실게요.

03

면세품 판매

실전대화 ❶

승무원	기내판매입니다. 면세품 어떠십니까?
승객	조니 워커 2병 주세요.
승무원	죄송합니다. 조니 워커는 전부 다 팔렸습니다. 레미마틴은 어떠십니까?
승객	그럼 그거 2병 주세요.
승무원	네. 알겠습니다.

실전대화 ❷

승무원	손님, 주문하신 물건입니다. 총 40불입니다.
승객	네, 여기 100불이요.
승무원	100불 받았습니다. 60불 거스름돈입니다. 여기 있습니다.
승객	네. 감사합니다.

어휘

• 면세품	• 판매	• 기내 판매	• 향수	• 화장품
• 주류	• 기내 반입	• 주문	• 거스름돈	• 카드
• 현금	• 주문 내역	• 금액	• 비용	• 응대

실전연습

○ 알맞은 것을 골라 대화를 완성하십시오.

면세품	기내판매	결제

❶ 가 ________ 입니다. 면세품 어떠십니까?
나 조니 워커 2병 주세요.

❷ 가 손님, 주문하신 ________ 입니다. 총 40불입니다.
나 네. 여기 100불이요.

❸ 가 ________ 는 카드로도 가능한가요?
나 네. 카드와 현금 모두 가능합니다.

표현

감사하다

1 [동] 고맙게 여기다.

- 도와 주셔서 감사합니다.
- 이용해 주셔서 감사합니다.
- 친절히 응대해 주셔서 감사합니다.

어떠하다

1 [형] 어떻다의 본말

- 면세품 어떠십니까?
- 식사 어떠십니까?
- 너의 친구는 어떠한 사람이야?

한국어 **관용어 배워보기!**

고개를 갸웃거리다

➡ 믿기지 않거나 의심이 된다는 뜻으로 고개를 기울이다.

- 그는 잘 모르겠다는 듯이 고개를 갸웃거린다.

더할 나위 없이

➡ (무엇이) 아주 좋거나 완전하여 그 이상 더 말할 것이 없다.

- 그 남자는 성실하고 능력도 있으니 신랑감으로 더할 나위가 없다.

귀(를) 기울이다

➡ 남의 이야기나 의견에 관심을 가지고 주의를 모으다.

- 귀 기울여 잘 들어 보아라.

귀가 솔깃하다

➡ 그럴듯해 보여 마음이 쏠리는 데가 있다.

- 아이폰 구매 시 케이스를 무료 증정해준다는 소리에 귀가 솔깃했다.

memo

SECTION

01. 숙박 예약

02. 고객 안내

03. 비용 문의

04. 객실 체크인

✓ 한국어 관용어 배워보기!

Unit
03

Hotel Service

01

숙박 예약

실전대화 ❶

직원　안녕하십니까. 킹 호텔입니다. 무엇을 도와드릴까요?

손님　숙박 예약 하려고 하는데요.

직원　네, 손님. 날짜는 언제로 예약 원하시나요?

손님　9월 15일부터 9월 18일까지 예약하고 싶어요.

직원　몇 분 숙박하시나요?

손님　총 2명이에요.

실전대화 ❷

직원 잠시만 기다려주세요. 확인해보겠습니다.

(확인 후)

손님, 현재 싱글룸과 더블룸 예약 가능하십니다.
어떤 방이 괜찮으세요?

손님 더블룸으로 예약해주세요.

직원 네, 알겠습니다. 9월 15일부터 9월 18일까지 더블룸 두 분 예약해드리겠습니다. 더 필요하신 사항은 없으신가요?

손님 호텔 조식 예약은 어떻게 해야 하나요?

직원 당일 방문하시어 프론트에서 예약이 가능하십니다.

손님 네. 알겠습니다.

직원 네. 감사합니다.
더 필요한 사항이 있으시면 프론트에 문의해 주세요.

어휘

• 객실	• 빈방	• 인원	• 날짜
• 숙박비	• 숙소	• 조식	• 예약
• 싱글룸	• 더블룸	• 트윈룸	• 트리플룸
• 스위트룸	• 엑스트라 베드	• 디럭스룸	• 패밀리 트윈룸

실전연습

○ 알맞은 것을 골라 대화를 완성하십시오.

프론트	몇 분	예약	더블룸

❶ 가 손님, 날짜는 언제로 ________ 원하시나요?

나 9월 10일부터 12일까지로 ________ 하고 싶어요.

❷ 가 ________ 숙박 하시나요?

나 총 2명이에요.

❸ 가 손님, 현재 싱글룸과 더블룸 예약 가능하십니다. 어떤 방이 괜찮으세요?

나 ________ 으로 예약해 주세요.

❹ 가 호텔 조식 예약은 어떻게 해야 하나요?

나 ________ 에서 예약이 가능하십니다.

표현

숙박하다

1 [동] 여관이나 호텔 따위에서 잠을 자고 머무르다.

- 숙박 예약을 하려고 하는데요.
- 숙박하실 분이 몇 분이신가요?
- 3박 4일 숙박하시는 것이 맞으신가요?

예약하다

1 [동] 미리 약속하다.

- 몇 박 며칠로 예약 원하시나요?
- 3일로 예약해 드리면 될까요?
- 예약하시려면 오늘 오후 6시까지 연락 부탁드립니다.

처리하다

1 [동] 사무나 사건 따위를 절차에 따라 정리하여 치르거나 마무리를 짓다.

2 [동] 일정한 결과를 얻기 위하여 화학적 또는 물리적 작용을 일으키다.

- 불편한 사항은 제가 처리해 드리겠습니다.
- 처리해야 할 문제가 있으면 즉각 조치하겠습니다.
- 힘든 일은 도맡아 처리하다.

문의하다

1 [동] 물어서 의논하다.

- 고객님, 문의하실 내용이 있으면 프론트로 연락해 주세요.
- 도움이 필요하시면 문의해 주십시오.
- 문의한 내용은 처리 완료되었습니다.

memo

02

고객 안내

실전대화 ❶

직원 안녕하십니까. 천사랑 씨 맞으신가요?

손님 네. 맞습니다.

직원 기다리고 있었습니다.
저는 천사랑 씨 일정을 담당하게 된 구원이라고 합니다.
잘 부탁드립니다.

손님 안녕하세요. 저야 말로 잘 부탁드립니다.

실전대화 ❷

직원 오시는 동안 힘드셨지요?

손님 괜찮았어요. 세 시간밖에 안 걸려서 많이 힘들지 않았어요.

직원 다행입니다. 제가 짐을 들어 드리겠습니다.

손님 감사합니다.

직원 불편한 사항이 있으시면 언제든 말씀해 주세요.

어휘

• 담당	• 일정	• 짐	• 캐리어
• 사항	• 저야말로	• (분/시간)밖에	• 들다
• 시간	• 가방	• 불편하다	• 힘들다

실전연습

○ 알맞은 것을 골라 대화를 완성하십시오.

짐	말씀	세 시간	담당

❶ 가 저는 천사랑씨 일정을 ________ 하게 된 구원이라고 합니다.
나 잘 부탁드립니다.

❷ 가 ________ 밖에 안 걸려서 많이 힘들지 않았어요.
나 다행이네요.

❸ 가 제가 ________ 을 들어 드리겠습니다.
나 감사합니다.

❹ 가 도와 주셔서 정말 감사합니다.
나 불편한 사항이 있으시면 언제든 ________ 해 주세요.

표현

마중하다

1 [동] 오는 사람을 나가서 맞이하다.

- 제가 마중하러 가겠습니다.
- 12시까지 마중하러 가겠습니다.
- 천사랑 씨 마중하러 나갔어요.

맡다

1 [동] 어떤 일에 대한 책임을 지고 담당하다.

2 [동] 어떤 물건을 받아 보관하다.

3 [동] 자리나 물건 따위를 차지하다.

- 맡은 바 최선을 다하겠습니다.
- 오늘 안내를 맡은 구원입니다.
- 제가 맡은 업무는 문서 작성입니다.

담당하다

1 [동] 어떤 일을 맡다.

- 담당하시는 분 연락처를 알 수 있을까요?
- 호텔 객실 관련 문제는 과장님이 담당하고 계십니다.
- 오늘 서류 정리 담당한 사람이 누구인가요?

03

비용 문의

실전대화 ❶

직원 안녕하세요. 킹 호텔입니다.

손님 지난주에 방을 예약했었는데 확인 부탁드려요.

직원 네. 성함이 어떻게 되시지요?

손님 천사랑이요.

직원 네, 손님. 지난주 목요일에 더블룸 예약하셨네요.
더블룸은 하루에 15만 원이고, 9월 15일부터
9월 18일까지 3박 예약하셨으니 총 45만 원입니다.

실전대화 ❷

손님 카드로 결제해도 되나요?

직원 네. 가능합니다. 현금과 카드 모두 가능합니다.
여권 보여주시겠어요?

손님 여권 여기 있습니다. 그럼 이 신용카드로 결제해 주세요.

직원 네. 호텔 예약 보증금 10만 원도 이 카드로 함께 결제 진행할까요?

손님 네. 같이 결제해 주세요.

직원 네, 알겠습니다.

(결제 진행 후)

결제 모두 완료되었습니다.

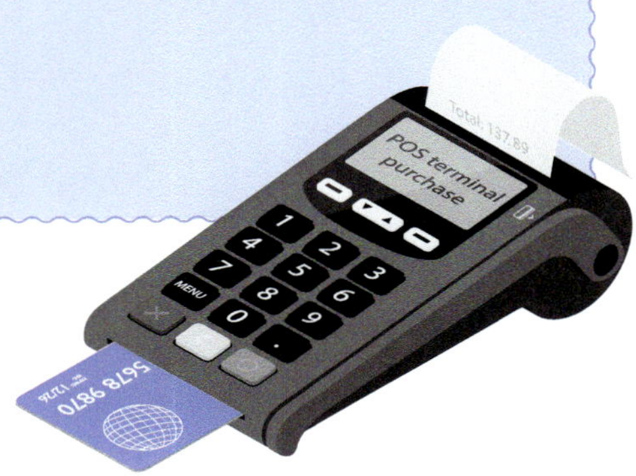

어휘

• 지난주	• 이번주	• 예약	• 더블룸
• 성함	• 3박	• 확인	• 예약금
• 카드	• 신용카드	• 결제	• 현금
• 여권	• 보증금	• 완료	• 영수증

실전연습

○ 알맞은 것을 골라 대화를 완성하십시오.

결제	성함	보증금	예약

❶ 가 지난주에 방을 ________ 했었는데 확인 부탁드려요.

나 네. 확인해 드리겠습니다.

❷ 가 안녕하세요. 예약 확인 부탁드려요.

나 네. ________ 이 어떻게 되시지죠?

❸ 가 카드로 ________ 해도 되나요?

나 네. 현금과 카드 모두 가능합니다.

❹ 가 호텔 예약 ________ 10만 원도 이 카드로 함께 결제 진행할까요?

나 네. 같이 결제해주세요.

표현

예약하다

1 [동] 미리 약속하다.

- 디럭스 더블룸을 예약하고 싶어요.
- 제가 예약한 방은 몇 호실인가요?
- 스위트룸 예약 해주세요.

확인하다

1 [동] 틀림없이 그러한가를 알아보거나 인정하다.

- 스위트룸은 하루에 얼마인지 확인해 주세요.
- 금액이 변동됐는지 확인해 주시겠어요?
- 확인해 드리겠습니다.

지불하다

1 [동] 돈을 내어 주다. 또는 값을 치르다.

- 3일 동안 숙박하려면 총 얼마를 지불해야 하나요?
- 숙박비용은 체크인 시 지불하시면 됩니다.
- 현금으로 지불 가능한가요?

계산하다

1 [동] 값을 치르다.

2 [동] 수를 헤아리다.

3 [동] 어떤 일을 예상하거나 고려하다.

- 호텔 룸서비스 비용 계산해 주세요.
- 신용카드로 계산할 수 있나요?
- 3박 4일간 숙박 총 금액을 계산해 주세요.

memo

04

객실 체크인

실전대화 ❶

손님 지금 체크인 할 수 있나요?

직원 네. 손님. 체크인 가능합니다. 성함이 어떻게 되시죠?

손님 천사랑이요.

직원 네, 손님. 예약 상황을 확인해 보겠습니다.

(확인 후)

7월 3일 스위트룸 예약하신 거로 나오는데 맞으신가요?

손님 네. 맞습니다.

실전대화 ❷

직원	손님. 여권 보여주시겠어요? 체크인 후 돌려드리겠습니다.
손님	여권 여기 있습니다.
직원	네. 감사합니다. 여기 숙박 카드를 작성해 주시면 됩니다. 손님, 조식 예약도 원하시나요?
손님	네. 내일 조식 예약해주세요.
직원	네, 알겠습니다. 여기 룸 키와 조식 쿠폰입니다. 방은 607호로 배정해 드리겠습니다. 1층 커피숍 옆에 식당이 있고, 조식은 오전 7시부터 이용이 가능하십니다. 즐거운 시간 보내십시오.

어휘

• 성함	• 체크인	• 예약	• 상황
• 스위트룸	• 여권	• 숙박	• 숙박 카드
• 조식	• 쿠폰	• 배정	• 가능

실전연습

○ 알맞은 것을 골라 대화를 완성하십시오.

체크인	작성	예약	결제

❶ 가 여기 숙박 카드를 ________ 해 주시면 됩니다.
   나 네. 알겠습니다.

❷ 가 안녕하세요. 지금 ________ 할 수 있나요?
   나 네. 가능합니다. 여권 보여주시겠어요?
   ________ 후 돌려드리겠습니다.

❸ 가 현금으로 ________ 해도 되나요?
   나 네. 현금과 카드 모두 가능합니다.

❹ 가 손님, 조식 ________ 도 원하시나요?
   나 네. ________ 해주세요.

표현

배정하다

1 [동] 몫을 나누어 정하다.

- 배정해드린 방이 마음에 드십니까?
- 고객님 방 배정이 완료되었습니다.
- 배정된 방을 변경해줄 수 있나요?

신청하다

1 [동] 단체나 기관에 어떠한 일이나 물건을 알려 청구하다.

- 조식 신청을 원하시나요?
- 내일 디너 신청이 가능한가요?
- 미리 신청하신 내용대로 이용하시면 됩니다.

작성하다

1 [동] 서류, 원고 따위를 만들다.

- 예약하신 내용을 신청서에 작성해 주세요.
- 신청서를 작성해주세요.
- 작성하신 신청서는 제출해 주세요.

한국어 관용어 배워보기!

눈살을 찌푸리다

- 마음에 못마땅한 뜻을 나타내어 양미간을 찡그리다.
  - 학생의 무례한 행동은 눈살을 찌푸리게 한다.

눈에 넣어도 아프지 않다

- 매우 귀엽다. 사랑스럽다.
  - 우리 딸 아이는 눈에 넣어도 아프지 않을 만큼 예쁘다.

눈치가 빠르다

남의 마음을 남다르게 빨리 알아차리다.

- 우리 엄마는 눈치가 너무 빨라서 엄마에게는 거짓말을 할 수가 없다.

맥(이) 빠지다

기운이나 힘이 빠지다.

- 불합격 소식에 맥이 빠져버렸다.

memo

SECTION

01. 객실 안내

02. 객실 사용 응대

✓ 한국어 관용어 배워보기!

Unit 04

Hotel Room Service

01

객실 안내

실전대화 ❶

직원 고객님, 제가 객실까지 모셔 드리겠습니다.

손님 네. 감사합니다.

직원 이 방이 고객님께서 4일 간 투숙하실 방입니다.
마음에 드십니까?

손님 네. 너무 마음에 들어요.

직원 마운틴뷰라 마음에 드실 겁니다.
객실 키는 입구 쪽에 꽂아 두시면 불이 들어옵니다.

실전대화 ❷

손님	수영장은 어디에 있나요?
직원	수영장은 해당 건물 6층에 위치하고 있습니다.
손님	몇 시까지 이용이 가능한가요?
직원	오후 10시까지 이용이 가능합니다. 추가로 궁금하신 점은 언제든지 프론트로 문의해주세요. 좋은 하루 되시길 바랍니다.

어휘

• 객실	• 투숙	• 방	• 마운틴뷰
• 시티뷰	• 오션뷰	• 객실 키	• 입구
• 수영장	• 건물	• 이용	• 프론트

실전연습

○ 알맞은 것을 골라 대화를 완성하십시오.

객실	입구	위치	투숙

❶ 가 이 방이 고객님께서 4일 간 ________ 하실 방입니다.
마음에 드십니까?
나 네. 너무 마음에 들어요.

❷ 가 객실 키는 ________ 쪽에 꽂아 두시면 불이 들어옵니다.
나 네. 친절한 설명 감사합니다.

❸ 가 고객님, 제가 ________ 까지 모셔 드리겠습니다.
나 네. 감사합니다.

❹ 가 수영장은 어디에 있나요?
나 수영장은 해당 건물 6층에 ________ 하고 있습니다.

표현

투숙하다

1 [동] 여관, 호텔 따위의 숙박 시설에 들어서 묵다.

- 오늘 투숙하실 방은 디럭스룸입니다.
- 투숙하실 방은 15층입니다.
- 투숙하는데 불편하신 점은 없으신가요?

위치하다

1 [동] 일정한 곳에 자리를 차지하다.

- 수영장은 6층에 위치하고 있습니다.
- 편의점은 지하 1층에 위치하고 있습니다.
- 지하철역은 저희 호텔에서 10분 거리에 위치하고 있습니다.

02

객실 사용 응대

실전대화 ❶

손님 죄송하지만, 에어컨에 문제가 있어요.
너무 시끄러워요.

직원 죄송합니다.
즉시 담당자를 보내서 살펴 보라고 하겠습니다.

손님 지난 밤에 잠을 잘 못 잤습니다.
옆 객실이 너무 시끄러웠어요.

직원 죄송합니다. 그 객실 고객에게 말씀드리겠습니다.

실전대화 ❷

손님 1201호 체크아웃 하겠습니다.
체크아웃이 조금 늦어져서 죄송합니다.
늦잠을 잤거든요.

직원 네, 손님. 괜찮습니다. 체크아웃 도와드리겠습니다.
룸 서비스 이용 금액은 총 10만 원입니다.

손님 비자 카드로 계산하겠습니다.
영수증이 필요하니 챙겨주세요.

직원 네. 영수증입니다. 이용해 주셔서 감사합니다.

어휘

• 에어컨	• 시끄럽다	• 살펴보다	• 담당자
• 객실	• 체크아웃	• 룸 서비스	• 이용
• 금액	• 비자 카드	• 영수증	• 현금

실전연습

○ 알맞은 것을 골라 대화를 완성하십시오.

체크아웃 이용 금액 영수증 담당자

❶ 가 죄송하지만, 에어컨에 문제가 있어요. 너무 시끄러워요.

나 죄송합니다. 즉시 ________ 를 보내서 살펴 보라고 하겠습니다.

❷ 가 ________ 이 조금 늦어져서 죄송합니다.

나 네, 손님. 괜찮습니다. ________ 도와드리겠습니다.

❸ 가 룸 서비스 ________ 은 총 10만 원입니다.

나 비자 카드로 계산하겠습니다.

❹ 가 ________ 이 필요하니 챙겨주세요.

나 네. ________ 입니다. 이용해 주셔서 감사합니다.

표현

시끄럽다

1 [형] 듣기 싫게 떠들썩하다.

2 [형] 말썽이 나서 어지러운 상태에 있다.

- 옆 집의 아이 소리가 매우 시끄러워요.
- 의자 끄는 소리가 시끄러워요.
- 옆 객실이 너무 시끄러웠어요.

챙기다

1 [동] 필요한 물건을 찾아서 갖추어 놓거나 무엇을 빠뜨리지 않았는지 살피다.

2 [동] 거르지 않고 잘 거두다.

3 [동] 자기 것으로 취하다.

- 영수증 챙겨주세요.
- 거스름돈을 챙겨주세요.
- 본인의 짐을 챙기세요.

한국어

관용어 배워보기!

머리를 쥐어짜다

➡ 몹시 애를 써서 고민하다.

- 아무리 머리를 쥐어짜내도 답이 생각나지 않는다.

발뺌(을) 하다

* 발뺌을 하다 = 뒤를 빼다

➡ 자기가 관련된 일에 책임을 지지 않고 빠지다.

- 본인이 불리한 일에는 발뺌을 한다.

발(이) 넓다

- 아는 사람이 많아 활동 범위가 넓다.
  - 그는 정말 발이 넓어서 아는 사람이 많다.

속(이) 타다

- 걱정이 되어 마음이 좋지 않다.
  - 너 걱정하느라 내 속이 다 타들어간다.

memo

SECTION

01. 환전 (1)

02. 환전 (2)

✓ 한국어 관용어 배워보기!

Unit
05

Currency Exchange

“01

환전 (1)

실전대화 ❶

직원 무엇을 도와드릴까요?

손님 환전 좀 하려고 하는데요.
오늘 엔화 환율이 어떻게 되나요?

직원 잠시만 기다려주세요. 확인해 보겠습니다.

(확인 후)

8월 1일 오후 2시 기준으로 990원입니다.

손님 그렇군요. 주변에 다른 환전소가 있나요?

직원 호텔에서 도보 15분거리에 환전소가 있습니다.

실전대화 ❷

손님	여기에서 바로 환전할게요. 3만 엔 환전해 주세요.
직원	네. 알겠습니다. 결제는 어떻게 하시겠어요?
손님	현금으로 결제할게요. 수수료는 얼마인가요?
직원	수수료는 10% 부과되십니다.
손님	네. 환전해 주세요.
직원	네 알겠습니다. 잔돈 여기 있습니다.

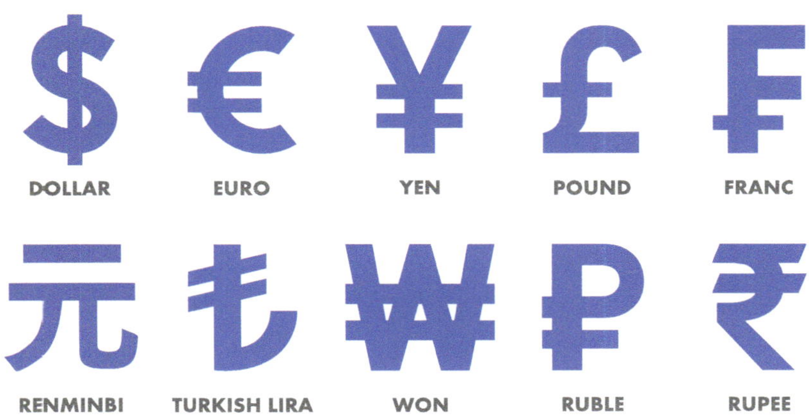

어휘

• 환전	• 환율	• 엔화	• 환전소	• 수수료
• 결제	• 현금	• 카드	• 부가세	• 도보
• 잔돈	• 통화	• 원화	• 달러	• 위안

실전연습

○ 알맞은 것을 골라 대화를 완성하십시오.

수수료　　환전소　　환율　　환전

❶ 가 무엇을 도와드릴까요?

나 환전 좀 하려고 하는데요. 오늘 엔화 ________ 이 어떻게 되나요?

❷ 가 주변에 다른 ________ 가 있나요?

나 호텔에서 도보 15분거리에 ________ 가 있습니다.

❸ 가 여기에서 바로 ________ 할게요. 3만 엔 ________ 해 주세요.

나 네, 알겠습니다. 결제는 어떻게 하시겠어요?

❹ 가 현금으로 결제 할게요. ________ 는 얼마인가요?

나 ________ 는 10% 부과되십니다.

표현

환전하다

1 [동] 서로 종류가 다른 화폐와 화폐, 또는 화폐와 지금地金을 교환하다.

- 100위안 환전해 주세요.
- 환전하고 싶은데 수수료가 얼마인가요?
- 50달러 환전해 주세요.

부과되다

1 [동] 주된 것에 덧붙다.

- 수수료 얼마 부과되나요?
- 환전 수수료 10% 부과됩니다.
- 과태료 5만원이 부과됩니다.

내려가다 [1] / 떨어지다 [2] / 하락하다 [3]

1 [동] 높은 곳에서 낮은 곳으로 또는 위에서 아래로 가다.

2 [동] 위에서 아래로 내려지다.

3 [동] 값이나 등급 따위가 떨어지다.

- 환율이 얼마나 내려갔나요?
- 환율이 떨어질 때 사야 해요.

올라가다 [1] / 상승하다 [2]

1 [동] 낮은 곳에서 높은 곳으로 또는 아래에서 위로 가다.

2 [동] 낮은 데서 위로 올라가다.

- 환율이 얼마나 올라갔나요?
- 환율이 오르고 있어요.
- 환율이 많이 상승했어요.

memo

02

환전 (2)

실전대화 ❶

손님 어디서 환전할 수 있나요?

직원 건너편 환전소가 있습니다.

손님 실례합니다. 환전하려고 하는데요.
50달러짜리 지폐를 잔돈으로 바꾸고 싶은데요.

직원 어떻게 바꿔드릴까요?

손님 1달러 10장, 5달러 4장, 10달러 2장으로 부탁드립니다.

직원 네, 알겠습니다. 어떤 화폐를 교환하시겠어요?

손님 원-달러 환율은 얼마인가요?

직원 원-달러 환율은 1,300원이 1달러입니다.

손님 500,000원을 미국 달러로 환전하려 합니다.

직원 여기 있습니다. 손님.

손님 감사합니다.

memo

한국어 관용어 배워보기!

손(에) 익다

일이 손에 익숙해지다.

- 이제는 일이 손에 익어서 빠르게 할 수 있다.

*

손(을) 씻다

부정적인 일이나 찜찜한 일에 대하여 관계를 청산한다.

- 그녀는 범죄 조직에서 손을 씻고 지금은 착하게 살고 있다.

*

손이 빠르다

일 처리가 빠르다.

- 선배는 손이 빨라서 남들 보다 빠른 시간에 일을 처리한다.

✻

시치미(를) 떼다

자기가 하고도 하지 아니한 체하거나 알고 있으면서도 모르는 체하다.

- 저금통에 있는 동전을 가져갔냐고 동생한테 물어보자 동생은 아니라고 시치미를 뗐다.

✻

SECTION

01. 음식 주문

02. 식사 서비스

✓ 한국어 관용어 배워보기!

Unit
06

At the Restaurant

01

음식 주문

실전대화 ❶

직원　어서오십시오. 킹 호텔 레스토랑입니다. 몇 분이십니까?

손님　2명이에요.

직원　잠시만 기다려주시면 테이블 안내 도와드리겠습니다.
손님, 이쪽으로 모시겠습니다. 창가 자리 괜찮으신가요?

손님　네. 좋습니다.

직원　여기 메뉴판 있습니다. 메뉴 고르신 후 불러주세요.

실전대화 ❷

손님 오늘 추천 메뉴가 있을까요?

직원 오늘 셰프 추천 메뉴는 해산물 파스타입니다.

손님 그럼 스테이크 하나, 파스타 하나 주세요.

직원 스테이크 굽기 정도는 어떻게 해드릴까요?

손님 미디엄 레어로 해주시고, 음료는 레드와인으로 주세요.

직원 네. 주문 확인하겠습니다. 스테이크 미디엄 레어로 하나, 해산물 파스타 하나, 레드와인 두 잔 이렇게 맞으신가요?

손님 네, 맞습니다.

직원 잠시만 기다려주시면 음식 준비해 드리겠습니다. 즐거운 시간 보내십시오.

어휘

• 테이블	• 안내	• 창가 자리	• 메뉴판
• 메뉴	• 추천 메뉴	• 음식	• 세팅
• 레어	• 미디엄 레어	• 미디엄	• 미디엄 웰던
• 웰던	• 레드와인	• 화이트와인	• 탄산음료

실전연습

○ 알맞은 것을 골라 대화를 완성하십시오.

메뉴판　　추천　　굽기　　안내

❶ 가 잠시만 기다려주시면 테이블 ________ 도와드리겠습니다.
나 손님, 이쪽으로 모시겠습니다. 창가 자리 괜찮으신가요?

❷ 가 여기 ________ 있습니다. 메뉴 고르신 후 불러주세요.
나 지금 주문할게요.

❸ 가 오늘 ________ 메뉴가 있을까요?
나 오늘 셰프 ________ 메뉴는 해산물 파스타입니다.

❹ 가 스테이크 하나, 파스타 하나 주세요.
나 스테이크 ________ 정도는 어떻게 해드릴까요?

표현

고르다

1 [동] 여럿 중에서 가려내거나 뽑다.

- 메뉴 다 고르시면 말씀해 주세요.
- 음료 종류는 고르셨나요?
- 구입하실 상품을 다 고르시면 결제 도와드리겠습니다.

준비하다

1 [동] 미리 마련하여 갖추다.

- 음료 먼저 준비해 드리겠습니다.
- 디럭스룸으로 준비해 드리면 될까요?
- 테이블 준비해 드리겠습니다.

굽다

1 [동] 불에 익히다.

- 스테이크 굽기는 어느정도로 해드릴까요?
- 맛있게 구워드리겠습니다.
- 굽기는 괜찮으신가요?

“ 02

식사 서비스

”

실전대화 ❶

직원	주문하신 음식 나왔습니다. 맛있게 드십시오.
손님	일행 한 명 더 올거라 세팅 부탁드려요.
직원	네. 그러면 한 분 더 세팅해 드리겠습니다.
손님	샐러드 하나 더 추가해 주시고, 와인 한잔 더 주세요.
직원	네. 준비해드리겠습니다.

실전대화 ❷

직원　식사는 맛있게 하셨습니까? 결제해 드리겠습니다.

손님　네. 여기 카드요.

직원　혹시 마일리지 적립하시겠습니까?

손님　아니요. 괜찮습니다.

직원　네. 총 20만 원 결제 도와드리겠습니다.
일시불로 해드릴까요? 아니면 할부로 해드릴까요?

손님　2개월 할부로 해주세요.

직원　영수증 드릴까요?

손님　네. 영수증 주세요.

직원　이용해 주셔서 감사합니다. 안녕히 가십시오.

어휘

• 주문	• 음식	• 일행	• 세팅
• 추가	• 준비	• 결제	• 영수증
• 적립	• 마일리지	• 일시불	• 할부

실전연습

○ 알맞은 것을 골라 대화를 완성하십시오.

결제	일행	적립	할부

❶ 가 ________ 한 명 더 올 거라 세팅 부탁드려요.
나 네. 그러면 한 분 더 세팅해 드리겠습니다.

❷ 가 식사는 맛있게 하셨습니까? ________ 해드리겠습니다.
나 네. 여기 카드요.

❸ 가 혹시 마일리지 ________ 하시겠습니까?
나 아니요. 바로 ________ 해주세요.

❹ 가 총 20만 원 결제 도와드리겠습니다.
나 2개월 ________ 로 해주세요.

표현

주문하다

1 [동] 어떤 상품을 만들거나 파는 사람에게 그 상품의 생산이나 수송, 또는 서비스의 제공을 요구하는 것.

- 무엇을 주문하시겠습니까?
- 주문하신 음식 나왔습니다.
- 주문하신 음식은 입맛에 맞으십니까?

적립하다

1 [동] 모아서 쌓아 두다.

- 마일리지 적립해 드릴까요?
- 마일리지 번호 입력해주세요.
- 적립하실 수 있는 멤버십 카드 만들어드릴까요?

세팅하다

1 [동] 주변물과의 미적 관계나 일의 목적 따위를 고려하면서, 사물을 배치하거나 새로 갖추다.

- 자리를 세팅한 후에 안내해 드리겠습니다.
- 식기 먼저 세팅해 드리겠습니다.
- 자리 세팅이 완료되었습니다.

memo

한국어 관용어 배워보기!

아랑곳하지 않다

일에 나서서 참견하거나 관심을 두지 않다.

- 주변이 시끄러운데도 학생은 아랑곳하지 않고 공부에 집중하고 있다.

✻

알다가도 모르다

어떤 일이 선뜻 이해가 가지 않는다는 말.

- 여자친구는 기분이 좋았다가 안 좋았다가 해서 알다가도 모르겠다.

✻

어깨가 무겁다

무거운 책임을 져서 마음에 부담이 크다.

- 제가 이 업무를 맡게 되어 어깨가 무겁습니다.

엉덩이가 무겁다

한번 자리를 잡고 앉으면 좀처럼 일어나 지를 않는다.

- 엉덩이가 무거워서 이웃에 놀러가면 돌아올 줄 모른다.

SECTION

Unit 07

Customer Service

01

전화 걸기 (1)

실전대화 ❶

직원 A　여보세요. 저는 인사팀의 반지음입니다.
무엇을 도와드릴까요?

직원 B　여보세요.
인사팀의 문서하 씨의 연락처를 알 수 있을까요?

직원A　죄송한데 혹시 누구신지 여쭤봐도 될까요?

직원B　저는 고객 지원팀 윤주원 과장입니다.

실전대화 ❷

직원 A　여보세요. 거기 영업팀 맞나요?

직원 B　네, 맞습니다. 무슨 일로 전화하셨나요?

직원 A　저는 글로비스 회사 담당자 신혜선이라고 합니다. 저희가 진행하고 있는 프로젝트에 대해 여쭤보려고 전화 드렸습니다.

직원 B　잠시만요. 확인해보겠습니다.

실전대화 ❸

직원 A	글로비스입니다. 무엇을 도와드릴까요?
직원 B	홈페이지에 게시되어 있는 상품을 주문하려고 연락 드렸습니다. 해당 담당자와 통화할 수 있나요?
직원 A	잠시만 기다려주세요. 담당자를 바꿔드리겠습니다.
직원 B	감사합니다.

표현

상대에게 누구인지 말하기

"저는 ~의 ~입니다."

- 저는 인사팀의 신혜선입니다.
- 저는 영업팀의 반지음 과장입니다.
- 저는 김포공항지점 문서하 주임입니다

수신자 확인하기

"거기/혹시 ~ 맞나요?"

- 거기 영업팀 맞나요?
- 혹시 반지음 씨 핸드폰 맞나요?
- 거기 인사팀 신혜선 씨 있나요?

통화상대 찾기

"~와/과 통화할 수 있을까요?"

- 구매 담당 부서와 통화할 수 있을까요?
- 영업 부장님과 통화할 수 있을까요?
- 인사 담당자와 통화할 수 있을까요?

통화 가능한지 묻기

"지금 ~ 가능하신가요? / ~도 될까요?"

- 지금 통화 가능하신가요?
- 나중에 연락 드려도 될까요?
- 지금 직접 찾아 봬도 될까요?

memo

02

전화 걸기 (2)

실전대화 ❶

직원 A 회의 스케줄을 조정하려고 전화 드렸습니다. 다음주 월요일로 회의 일정을 변경하려고 하는데 가능하신가요?

직원 B 좋습니다. 월요일 오후 어떠신가요?

직원 A 괜찮습니다. 사무실로 가겠습니다.

직원 B 네. 출발하시기 전에 전화주시기 바랍니다.

실전대화 ❷

직원 A 저는 글로비스 영업팀 부장입니다.
사장님과 통화 가능할까요?

직원 B 죄송하지만 지금 사장님께서 회의 중이십니다.
메시지 남겨 주시면 전달해 드리겠습니다.

직원 A 감사합니다. 이번주 프로젝트 회의 일정이 수요일로
변경되었다고 전해 주시겠어요?

직원 B 네. 알겠습니다.

표현

메시지 남기기

"~라고/다고 전해 주시겠어요?"

- 과장님에게 제가 10분 정도 늦을거라고 전해 주시겠어요?
- 프로젝트 회의 일정이 변경되었다고 전해 주시겠어요?
- 제가 전화했었다고 전해 주시겠어요?

용건 요청하기

"~라고/다고 좀 해주실래요?/해 주세요."

- 자리에 돌아오시면 저에게 전화하라고 좀 해주실래요?
- 민석 씨에게 이메일 답변 달라고 좀 해주세요.
- 오늘 오후 미팅이 취소됐다고 좀 해주세요.

memo

“ 03

전화 받기 (1)

실전대화 ❶

직원 A 여보세요. 상품 문의하고 싶어서 연락드렸습니다.

직원 B 네. 관련 부서로 바로 연결해 드리겠습니다.

직원 A 감사합니다.

직원 B 전화가 끊어질 경우, 직접 0123-1234로 연락해 주시면 됩니다.

실전대화 ❷

직원 A	프로젝트 영업팀 김 대리와 통화 가능할까요?
직원 B	죄송하지만 김 대리는 오늘 외근 나갔습니다.
직원 A	혹시 언제 돌아오는지 아시나요?
직원 B	아마 점심 지나고 돌아오실 거예요. 오후에 다시 전화주세요.

표현

복귀시간 말하기

"~(돌아)올/오실 겁니다."

- 김 대리는 아마 오후에 돌아올 겁니다.
- 이번주 토요일은 되어야 돌아오실 겁니다.
- 회장님은 아마 2시간 뒤에 돌아오실 겁니다.

메시지 전달하기

"~에게/께 ~라고/다고 전해 드릴게요."

- 담당자에게 오후에 다시 전화 달라고 전해 드릴게요.
- 1층 로비에서 기다린다고 전해 드릴게요.
- 과장님께 회의 시간이 미뤄졌다고 전해 드릴게요.

memo

04

전화 받기 (2)

실전대화 ❶

직원 A　안녕하세요. 스케줄 확인 차 전화드렸습니다.

직원 B　죄송하지만 담당자가 오늘 휴무라 나중에 다시 전화 주시겠습니까?

직원 A　알겠습니다. 그런데 혹시 휴가가 언제까지인가요?

직원 B　내일까지 입니다. 내일 다시 연락주세요.

실전대화 ❷

직원 A 여보세요. 영은 씨 많이 바쁘신가봐요?
계속 전화 드렸는데 안 받으시더라고요.

직원 B 여보세요? 전화가 끊겨서 잘 안들려요.

직원 A 영은 씨 지금 전화 받기 곤란하신가요?

직원 B 여기 전화 신호가 안 좋아요. 제가 한 시간 뒤에 회사로
돌아가서 다시 연락드려도 될까요?

직원 A 네, 알겠습니다.

표현

상대방의 의사 묻기

"~ 시겠습니까?"

- 잠시 기다려 주시겠습니까?
- 메시지를 남기시겠습니까?
- 나중에 다시 전화하시겠습니까?

전화 다시 걸기

"~ 다시 전화/연락드려도 될까요?"

- 제가 나중에 다시 전화드려도 될까요?
- 10분 후에 다시 연락드려도 될까요?
- 담당자에게 확인 후 다시 연락드려도 될까요?

memo

05

방문객 응대 (1)

실전대화 ❶

직원 A 미국에서 서울까지 먼 길을 와주셔서 감사합니다.

직원 B 아닙니다. 저야 말로 이렇게 공항까지 마중을 나와 주셔서 감사합니다.

직원 A 별말씀을요. 저는 글로비스 김 대리입니다.
과장님을 회사까지 모시기 위해 왔습니다.

직원 B 감사합니다.

실전대화 ❷

직원 A　김 대리님 오랜만입니다.

직원 B　다시 만나 뵙게 되어 너무 반갑습니다.
어떻게 지내셨나요?

직원 A　업무가 많아서 바쁘게 지냈습니다.
이 과장님은 잘 지내셨나요?

직원 B　네, 잘 지냈습니다.

표현

찾아온 용건 말하기

"저는 ~기 위해 왔습니다."

- 저는 당신을 돕기 위해 왔습니다.
- 저는 당신을 마중하기 위해 왔습니다.
- 저는 당신을 회사로 직접 모시기 위해 왔습니다.

감사 표현하기

"~ 주셔서 감사합니다."

- 저를 위해 마중 나와 주셔서 감사합니다.
- 여기까지 와 주셔서 감사합니다.
- 따뜻하게 맞아 주셔서 감사합니다.

memo

06

방문객 응대 (2)

실전대화 ❶

직원 A	어서 오세요.
직원 B	회사가 정말 크네요
직원 A	감사합니다. 저희 회사는 올해 이곳으로 이전해서 더 확장했습니다.
직원 B	그러시군요. 혹시 인사팀이 어디인가요?
직원 A	직진하시면 맞은편이 인사팀입니다.

실전대화 ❷

직원 A 저희 회사에 오신 것을 환영합니다.
직접 방문해 주셔서 감사합니다.

직원 B 환대해 주셔서 감사합니다. 행사 시작은 몇 시인가요?

직원 A 오후 3시입니다. 제가 행사장까지 안내해 드리겠습니다.

직원 B 혹시 오늘 행사 식순을 알 수 있을까요?

직원 A 네. 제가 보여드리겠습니다.

표현

회사 안내하기

"~을/를 보여 드리겠습니다."

- 저희 행사장을 직접 보여 드리겠습니다.
- 제가 서류를 보여 드리겠습니다.
- 현장 내부를 직접 보여 드리겠습니다.

사무실 소개

"~은/는/이/가 ~입니다."

- 저기가 여자 화장실입니다.
- 여기는 저희 회사 사무실입니다.
- 맞은편이 인사팀 사무실입니다.

memo

한국어 관용어 배워보기!

입(을) 맞추다

서로의 말이 일치하도록 한다.

- 우리가 입을 맞춰서 회의에서 발표해야 한다.

✲

입(을) 모으다

여러 사람이 같은 의견을 말하다.

- 입을 모아 모두 같은 의견을 말했다.

✲

입이 귀에 걸리다

- 기쁘거나 즐거워 입이 크게 벌어지다.
  - 아버지는 아들의 학교 합격 소식에 입이 귀에 걸리셨다.

✽

진(이) 빠지다

- 실망을 하거나 싫증이 나서 더 이상의 의욕을 상실하다.
  - 며칠 밤을 새우고 그녀는 완전히 진이 빠져 버렸다.

✽

SECTION

01. 업무 (1)

02. 업무 (2)

03. 불만 제기 & 불만 처리 (1)

04. 불만 제기 & 불만 처리 (2)

05. 회의

06. 이메일 (1)

07. 이메일 (2)

08. 프레젠테이션

✓ 한국어 관용어 배워보기!

Unit 08

Business Communication

01 업무 (1)

실전대화 ❶

직원 A　이번 행사 진행 상황을 물어보려고 연락드렸습니다.
행사 준비는 어떻게 되어갑니까?

직원 B　이번주에 마무리 될 예정입니다.

직원 A　그렇군요.
변경 사항이나 추가 사항이 생기면 연락 주시기 바랍니다.

직원 B　네. 알겠습니다.

실전대화 ❷

직원 A　김 과장님, 오늘 따라 피곤해 보이시네요.

직원 B　그동안 프로젝트 준비로 많이 바빴습니다.
이번주 계속 야근을 했더니 많이 피곤하네요.

직원 A　그러셨군요. 고생이 많으시네요.
프로젝트 준비는 잘 되가시나요?

직원 B　네. 이번주에 마무리 될 것 같습니다.

표현

진행 상황 묻기

"~은/는 어떻게 되어 가나요?"

- 사업은 어떻게 되어가나요?
- 내일 있을 학회 발표 준비는 어떻게 되어 가나요?
- 행사 준비는 어떻게 되어 가나요?

바쁜 이유 말하기

"~로/으로 바빴습니다."

- 교육 준비로 바빴습니다.
- 프로젝트 발표 준비로 바빴습니다.
- 신제품 출시 준비로 바빴습니다.

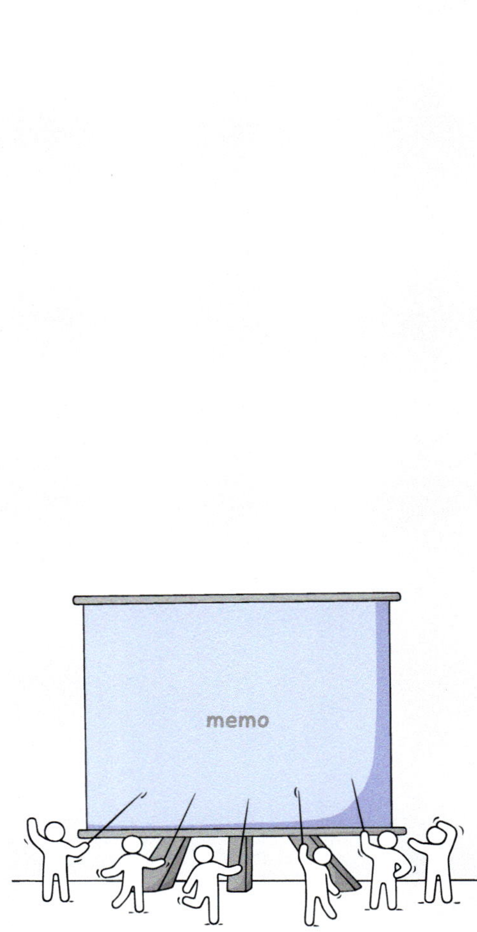
memo

02

업무 (2)

실전대화 ❶

직원 A	11월에 미국에서 사업 발표가 있을 예정이에요. 김 대리가 발표를 좀 해줬으면 좋겠어요.
직원 B	네. 발표 준비하겠습니다.
직원 A	준비한 사업 발표가 이번에 꼭 채택됐으면 좋겠네요.
직원 B	열심히 해보겠습니다.

실전대화 ❷

직원 A　다음주 미국 사업 세미나에 참석하신다고 들었습니다.
거기서 얼마나 계시나요?

직원 B　5일 동안 미국에 출장을 갑니다.

직원 A　출장을 정말 많이 가시네요.
저는 사무실에서만 근무해서 너무 부럽네요.

직원 B　아니에요. 사실상 주말에도 일하는 꼴이에요.

표현

출장 기간 말하기

"~부터 ~까지 / ~동안 출장을 갑니다."

- 저는 8월 15일부터 18일까지 부산으로 출장을 갑니다.
- 한 달 동안 해외 출장을 갑니다.
- 회장님께서 일주일 동안 해외 출장을 갑니다.

업무 부탁하기

"~으면 좋겠어요." (동사과거형)

- 이 보고서를 완성해줬으면 좋겠어요.
- 이번 프로젝트에서 발표해줬으면 좋겠어요.
- 이번 사업이 꼭 채택됐으면 좋겠어요.

memo

03

불만 제기 & 불만 처리 (1)

실전대화 ❶

고객 안녕하세요. 제가 지난 달에 상품을 구입했는데 아직 받지 못했습니다.

직원 정말 죄송합니다. 택배사에 문제가 생겨 상품 발송을 아직 못하고 있다 합니다.
빠른 시일 내에 상품을 보내 드리도록 하겠습니다.

고객 이제 와서 상품 발송이 아직도 안 됐다는 게 말이 되나요?

직원 죄송합니다. 직원 실수로 착오가 있었습니다.
배송 지연에 대한 보상으로 무료 배송 쿠폰 함께 전달 드리겠습니다.

실전대화 ❷

고객　　일주일 전에 환불 상품을 보냈는데 아직 환불금을 받지 못했습니다.

직원　　정말 죄송합니다. 택배사에 문제가 생겨 반품 물품을 아직 수령하지 못하고 있습니다. 물건 검수 후 빠른 시일 내에 환불 계좌로 환불금 넣어드리겠습니다.

표현

상품 미수령 말하기

"~을/를 받지 못했습니다."

- 아직 주문 상품을 받지 못했습니다.
- 환불금을 아직 받지 못했습니다.
- 답변을 받지 못했습니다.

불만 사항 따지기

"~는 게 말이 되나요?"

- 아직까지도 배송이 안되는 게 말이 되나요?
- 환불이 아직도 안되는 게 말이 되나요?
- 고객을 이렇게 대하는 게 말이 되나요?

memo

04

불만 제기 & 불만 처리 (2)

실전대화 ❶

고객	안녕하세요. 주문한 상품을 어제 택배 받았는데 다른 제품이 왔어요.
직원	죄송합니다 고객님. 제품 발송 과정에서 직원의 실수로 다른 제품이 발송된 것 같습니다. 배송 실수에 대해 변명의 여지가 없습니다. 바로 다시 상품 발송해드리도록 하겠습니다.
고객	네. 그럼 잘 못 받은 제품은 어떻게 하나요?
직원	저희가 회수하도록 하겠습니다. 대신 할인 쿠폰을 서비스로 드리겠습니다.

실전대화 ❷

고객　주문 상품을 받았는데 수량이 잘 못 왔네요. 저희에게 보내주신 수량을 확인해봤는데 20개가 모자랍니다.

직원　정말요? 확인해보겠습니다.
정말 죄송합니다. 상품 몇 개를 빠뜨렸네요.
제가 좀 더 주의를 기울였어야 했습니다.
혹시 다시 보내드려도 될까요?

고객　네. 내일 바로 다시 보내주세요.

표현

잘못 인정하기

"~에 대해 변명의 여지가 없습니다."

- 실수에 대해 변명의 여지가 없습니다.
- 지연에 대해 변명의 여지가 없습니다.
- 직원의 무례한 행동에 대해 변명의 여지가 없습니다.

잘못 인정하기

"~어야 했습니다."

- 조금 더 일찍 전화를 드렸어야 했습니다.
- 저희가 좀 더 주의를 기울였어야 했습니다.
- 미리 알려드렸어야 했습니다.

memo

05

회의

실전대화 ❶

직원	안녕하세요. 행사 진행자 김희원 과장입니다. 바쁘신 와중에 모두들 이렇게 먼 길 와 주셔서 감사합니다. 이제부터 2023년 세계문화관광 행사를 시작하겠습니다. 모두들 착석해 주시기 바랍니다.

실전대화 ❷

직원 A 죄송합니다. 가는 길이 차가 막혀서 회의 시간보다 늦게 도착할 것 같습니다.

직원 B 혹시 얼마나 늦으실 것 같나요?

직원 A 30분 정도요.
죄송하지만, 회의를 한 시간만 미룰 수 있을까요?

직원 B 네. 물론이죠. 조심해서 오세요.

표현

회의 시작하기

"~을/를 시작하겠습니다."

- 지금부터 회의를 시작하겠습니다.
- 신입사원 OJT를 시작하겠습니다.
- 개인정보 교육을 시작하겠습니다.

일정 조정 묻기

"죄송하지만, ~ㄹ/을 수 있을까요?"

- 죄송하지만, 회의 시간을 미룰 수 있을까요?
- 죄송하지만, 회의 일정을 다음주 목요일로 연기할 수 있을까요?
- 죄송하지만, 회의를 1시간 앞당길 수 있을까요?

memo

06

이메일 (1)

실전대화 ❶

[이메일]

안녕하세요.

제 이름은 문서하이고 저는 이번 프로젝트의 홍보를 담당하고 있습니다.

부서 이동으로 담당자가 변경되었습니다.

앞으로 궁금하신 사항이 있으시면 편하게 물어봐 주시기 바랍니다.

감사합니다.

실전대화 ❷

[이메일]

귀하의 합격을 진심으로 축하드립니다.

입사 교육일은 9월 1일 월요일 오전 10시입니다.

입사에 필요한 서류는 첨부파일 확인해 주시기 바랍니다.

그럼 다음주 월요일에 뵙겠습니다.

표현

이름과 소속 쓰기

제 이름은 ~(이)고 저는 ~.

- 제 이름은 반지음이고 저는 홍보 업무를 담당하고 있습니다.
- 제 이름은 김민지이고 저는 A회사에서 일하고 있습니다.
- 제 이름은 박민준이고 저는 영업팀에서 일하고 있습니다.

축하 인사하기

~을/를 축하드립니다.

- 귀하의 합격을 진심으로 축하드립니다.
- 귀하의 수상을 축하드립니다.
- 이번에 승진하신 것을 축하드립니다.

memo

07

이메일 (2)

실전대화 ❶

[이메일]

귀하의 이력서를 잘 받았습니다.

귀하의 자격 요건에 매우 감명을 받았습니다.

귀하는 자사가 찾는 인재상에 매우 적합하므로 면접 가능 시간대를 이메일로 답변 주시기 바랍니다.

실전대화 ❷

[이메일]

안녕하세요.

이번 행사 진행에 도움 주셔서 감사드립니다.

행사 비용 처리하기 위해 신분증 사본과 통장 사본을 저에게

팩스로 보내주시면 감사하겠습니다.

이번주 중으로 회신 부탁드립니다.

표현

칭찬하기

~에 감명을 받았습니다.

- 귀사의 고객 서비스에 감명을 받았습니다.
- 귀하의 자격 요건에 매우 감명을 받았습니다.
- 프로젝트 발표에 매우 감명을 받았습니다.

공손히 부탁하기

~면 감사하겠습니다.

- 이해해주시면 감사하겠습니다.
- 신분증 사본을 저에게 팩스로 보내주시면 감사하겠습니다.
- 거래명세서를 보내주시면 감사하겠습니다.

memo

08

프레젠테이션

실전대화 ①

오늘 신제품 출시 프레젠테이션에 와 주셔서 감사드립니다.

제가 이번 발표를 맡게 되어 매우 기쁩니다.

제가 회사를 대표하여 신제품을 소개하게 되어 큰 영광입니다.

자, 그럼 발표를 시작하겠습니다.

실전대화 ❷

안녕하세요.

신입사원 교육은 9월 2일 월요일 오전 10시에 진행됩니다.

신입사원 교육에서 회사 구조에 대해 말씀드리겠습니다.

이어서 대표님의 인사말씀이 있겠습니다.

표현

발표 소감 말하기

~게 되어 기쁩니다.

- 제가 이번 발표를 맡게 되어 기쁩니다.
- 여러분을 이 자리에 모시게 되어 정말 기쁩니다.
- 오늘 수상을 하게 되어 매우 기쁩니다.

방법 소개하기

~을/를, ~에 대해 말씀드리겠습니다.

- 회사 구조에 대해 말씀드리겠습니다.
- 교육 절차에 대해 말씀드리겠습니다.
- 서류에 관해 말씀드리겠습니다.

memo

한국어 관용어 배워보기!

찬물을 끼얹다

잘 되어 가고 있는 일에 뛰어들어 분위기를 흐리거나 트집을 잡아 해방을 놓다.

- 일이 성공적으로 마무리 되어갈 때 그가 나타나 찬물을 끼얹었다.

*

콧대(가) 높다

잘난 체하고 뽐내는 태도가 있다.

- 콧대가 높아서 명품 브랜드 옷만 구입한다.

*

파리(를) 날리다

- 영업이나 사업 따위가 잘 안 되어 한가하다.
  - 장사가 안되어 파리 날리고 있다.

✽

혀를 차다

- 마음이 언짢거나 유감의 뜻을 나타내다.
  - 학생들의 싸움을 본 사람들은 눈살을 찌푸리고 혀를 찼다.

✽

저자약력

안명숙

이화여대 법학과 졸업
경기대학교 경영학 박사
전) 미국 UNL대학 연구교수
대한항공 객실 승무원
대한항공 객실 훈련원 강사
현) 경인여자대학교 항공서비스학과 학과장
한국항공경영학회 이사
한국품질학회 이사

▪ 연구논문

〈항공사 객실승무원의 감정노동에 안전 분위기와 안전행동에 미치는 영향〉(2020.04)
〈The effects of motional display rules on flight attendants' motional labor strategy, job burnout and performance〉(Service Business, 2014.03(SSCI))

▪ 저서

〈항공 한국어〉(2023)
〈공항 탑승업무〉(2022)
〈항공안전 및 보안〉(2022)
〈항공객실서비스Ⅱ〉(2022)
〈항공 일본어〉(2022)
〈항공객실서비스Ⅰ〉(2021)
〈퍼스널 브랜딩과 글로벌 매너〉(2020)
〈항공사 객실승무원 직무와 면접〉(2020)

박다현

경인여자대학교 항공서비스학과 졸업
중앙대학교 무역물류학과 박사 과정
현) 경인여자대학교 항공서비스학과 초빙교수
전) 이스타포트 인천공항지점 여객운송서비스 담당(탑승수속, 출입국게이트, COB, 스케줄러, 적하기 신고, 방송교육 담당)

▪ 연구논문

〈텍스트마이닝을 활용한 항공화물 운임에 영향을 미치는 요인 분석:미국 L.A 및 유럽 프랑크푸르트 노선을 중심으로〉(학위논문)(2022.08)
〈텍스트마이닝을 활용한 항공화물 운임에 영향을 미치는 요인 분석 : L.A. 및 프랑크푸르트 노선을 중심으로〉(2023.06)
〈텍스트마이닝을 활용한 Covid-19 기간 동안의 항공산업 관련 키워드 트렌드 분석〉(2022.04)
〈잡 크래프팅이 개인-직무 부합과 직장만족에 미치는 영향: LCC항공사 지상직 직원을 대상으로〉(2020.12)

▪ 저서

〈항공 한국어〉(2023)
〈공항 탑승업무〉(2022)

서비스 실무 한국어

발행일 | 2023년 9월 1일

저 자 | 안명숙·박다현
발행인 | 모흥숙

발행처 | 도서출판 새로미
주 소 | 서울 용산구 한강대로 104 라길 3
전 화 | TEL : (02)523-5903~4
팩 스 | FAX : (02)2693-2437

E-mail | seromi@seromi.kr
Homepage | www.seromi.kr

ISBN | 978-89-6476-824-2 93710
정 가 | 19,000원